Made in the USA
Coppell, TX
25 April 2022

77024812R00069